AF243120

M. VANDAL

CONSEILLER D'ÉTAT

DIRECTEUR GÉNÉRAL DES POSTES

NOTICE BIOGRAPHIQUE AVEC PORTRAIT

Publiée par le *Journal des Postes*

PARIS

1er JUILLET 1866

M. VANDAL

CONSEILLER D'ÉTAT

DIRECTEUR GÉNÉRAL DES POSTES

PARIS. — IMPRIMERIE JOUAUST, RUE SAINT-HONORÉ, 338.

GÉRARD

VANDAL

CONSEILLER D'ÉTAT

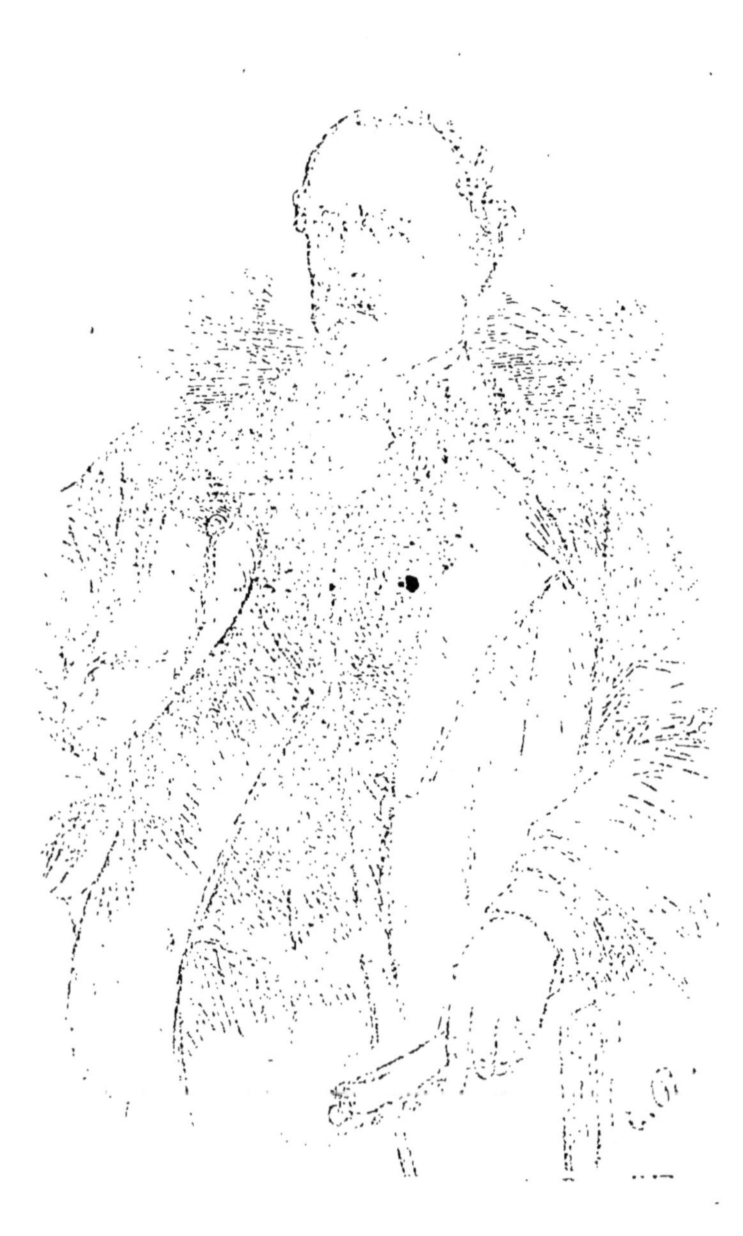

M. VANDAL

CONSEILLER D'ÉTAT

DIRECTEUR GÉNÉRAL DES POSTES

DÉPÔT LÉGAL
Seine
1866

NOTICE BIOGRAPHIQUE AVEC PORTRAIT

Publiée par le *Journal des Postes*

PARIS

1er JUILLET 1866

M. VANDAL

Conseiller d'État, Directeur général des Postes

M. VANDAL (Jacques-Pierre-Louis-Édouard) est né à Coblentz, le 28 février 1813, vers la fin de l'occupation française.

Son père, attaché au service des Douanes, occupa longtemps le poste d'inspecteur principal à Dunkerque.

Sa mère vient de s'éteindre dans un âge avancé, à Raismes (Nord), entourée jusqu'à son dernier jour d'une affection et d'une vénération filiales dont les habitants du pays ne parlent qu'avec attendrissement.

Envoyé de bonne heure à Paris, dans une maison d'éducation déjà florissante, à la pension Favart, le jeune Vandal y resta jusqu'à la fin de ses études, et suivit les cours du vieux lycée Charlemagne. Son nom figure en lettres d'or sur les tableaux d'honneur de l'institution.

Mais laissons M. Vandal nous parler lui-même de sa jeunesse dans un discours prononcé au banquet fraternel où se réunissent chaque année les anciens élèves de Favart ; laissons-le évoquer, non sans émotion, ces tant doux souvenirs d'études, qui, toujours chers et joyeux, « rafraîchissent l'âme en rajeunissant la vie. »

ASSOCIATION

DES ANCIENS ÉLÈVES

DE

L'INSTITUTION FAVARD

———⁂———

SEPTIÈME BANQUET ANNUEL

LE JEUDI 2 FÉVRIER 1865

Présidé par le camarade ED. VANDAL

Conseiller d'État, Directeur général des Postes

———⁂———

Messieurs et chers Camarades,

« Je bois à la religion du souvenir et aux Dieux disparus.

« C'est un honneur pour moi que d'avoir été appelé à présider ce banquet ; c'est un plaisir que de me retrouver au milieu de vous. L'an dernier, cette place était occupée par un littérateur dont le nom est illustre dans la république des lettres et célèbre dans la république des armes (1) ; cette année, c'est un fonctionnaire qui vous préside ; l'an prochain, ce sera peut-être un industriel ou un académicien. C'est que la vie a des fortunes diverses ; c'est que les oiseaux envolés du même nid suivent des directions différentes, et que les routes de l'air conduisent vers tous les points de l'horizon. Et que de routes nouvelles se sont ouvertes devant nous, depuis qu'au sortir de l'Institution Favard, doux nid rembourré de grec et latin et capitonné de pensums, nous avons senti pousser nos ailes ! Le demi-siècle qui a neigé sur nos têtes a plus fait pour l'avenir de l'humanité que de longues périodes ; un demi-siècle, c'est un instant dans la vie des nations ; et, dans cet instant, que de progrès accomplis ! Aux jours de notre enfance, nous ne connaissions la vapeur que par ses explosions, la foudre que par ses éclats, la lumière

(1 Maxime du Camp.

que par ses éblouissements ; et les hommes de notre génération, arrachant à la science ses secrets, à la nature ses énergies, ont assoupli la vapeur, discipliné la foudre, asservi la lumière, et ont fait de la vapeur un cheval de course, du soleil un portraitiste, et de l'étincelle un facteur de la poste aux lettres !

« Encore un peu de temps, et l'air lui-même sera vaincu ! Glorieux témoignages qui transmettront aux races futures l'éclat d'une grande époque s'inspirant au génie d'un grand souverain ! Associés nous-mêmes à ces œuvres contemporaines, nous avons pratiqué la loi et l'amour du travail, et chacun de nous a apporté sa pierre à l'édifice que le présent construit au profit de l'avenir. Nous avons pieusement pratiqué le culte du progrès ; mais, après avoir honoré le dieu debout sur son autel, donnons un souvenir affectueux et fidèle aux dieux envolés, à la jeunesse, à la gaieté, à la confraternité. Pour nous, hommes faits qui avons traversé la vie, qui en avons connu les épreuves, les fatigues et les douceurs, ce banquet a tout le charme d'un retour vers la jeunesse du cœur ; c'est comme l'agape des bons souvenirs.

« Arrivé au milieu de sa carrière, le voyageur s'arrête volontiers, et jette un regard satisfait sur les lointains brumeux de la route qu'il vient de parcourir. Au fond de notre horizon, c'est l'Institution Favard qui se profile, avec sa cour mélancolique, son brouet lacédémonien et son régime de trappiste, moins le silence : nous n'étions plus des enfants, pas encore des hommes, et déjà l'aurore des passions commençait à poindre en nos esprits ; jaloux de l'honneur du vieux collége Charlemagne, glorieux de ses succès, nous nous passionnions pour les luttes du grand concours, et nous applaudissions aux lauréats, ignorants de l'envie, qui est un vice de l'âge mûr. Conscrits sans moustaches, nous avions déjà l'amour du numéro du régiment. Et comme le corps d'armée donnait avec ensemble et entrain dans les luttes naissantes des Classiques et des Romantiques ! Comme notre irrévérence attentait au piédestal de

Racine! Comme notre imagination courait au Bosphore avec les *Orientales!* Comme je me souviens de nos luttes au parterre de la Comédie-Française à l'occasion d'*Hernani* en bas âge, luttes empruntées au pays de Shakespeare plus qu'au pays d'Homère, et où nous appliquions vigoureusement la prosodie du pugilat! Depuis lors, la vivacité, l'ardeur, la passion, se sont éteintes; mais le souvenir est resté, et dans les jours noirs de la vie nous y revenons avec charme, et nous retrouvons avec émotion les premiers compagnons du tour de France.

« C'est la confraternité qui nous rassemble aujourd'hui, mais c'est aussi un bon sentiment de bienfaisance amicale et discrète. Que la charité dîne donc avec nous, aujourd'hui et toujours, et qu'elle remercie le digne Président de votre comité, au nom si populaire, de ses constants efforts pour entretenir une camaraderie agréable aux forts, utile aux faibles, chère à tous! Soyons avant tout bons et charitables,

et apprenons à nos fils à avoir du cœur avant d'avoir
de l'esprit.

« A mesure qu'on s'éloigne du point de départ,
les rangs s'éclaircissent, plus d'un reste en chemin,
et la route de la vie est semée de ruines. C'est à ceux
qui demeurent debout à conserver la tradition du
souvenir et le respect du passé.

« Laissez-moi vous dire un touchant exemple de
confraternité : une larme à côté d'un sourire n'attriste
pas un banquet. Il est au confluent du Rhin et de la
Moselle une ville qui nous a appartenu, et où je
suis né quand elle était française : c'est Coblentz.
Dans cette ville sont de vieux soldats de la France,
auxquels la Prusse, je le dis à son honneur, a per-
mis de fêter avec orgueil et solennité le souvenir des
glorieux combats de notre Empire. Ces braves se
sont fait, il y a longtemps, une tombe commune, qui
représente comme un camp français dans ce champ
de mort étranger; une grande pyramide reçoit suc-

cessivement les noms des morts avec le numéro de leur régiment, et, le 5 mai, un banquet réunit les survivants ; chaque année voit augmenter les noms de la pyramide et diminuer le nombre des convives. Ils s'obstinent pourtant ; ils serrent les rangs comme au combat. Deux encore feront un banquet ! Le dernier, comme le roi de Thulé, versera une dernière larme dans sa coupe et la jettera dans les flots ! Ceux-là aussi pratiquent le culte du souvenir..., mais plus tristement que nous, car les vétérans ne se recrutent pas, tandis que la camaraderie de collége, celle que nous fêtons aujourd'hui, a toujours sa jeune garde qui serre les rangs, qui sent les coudes à gauche, qui sera ici quand nous n'y serons plus, et qui boira, comme nous le faisons aujourd'hui, à la camaraderie et aux anciens disparus. »

On le voit, M. Vandal appartient lui aussi à cette forte génération de 1830, sortie tout armée de la grande tourmente qui révolutionnait alors le monde littéraire, comme elle venait de révolutionner le monde politique et social.

Dans un autre discours prononcé à l'Institution nous retrouvons l'esprit familiarisé avec les auteurs classiques, l'élève distingué qui obtenait surtout les prix de version latine et d'histoire.

DISCOURS

PRONONCÉ

PAR M. ED. VANDAL

CONSEILLER D'ÉTAT

DIRECTEUR GÉNÉRAL DES POSTES

En remettant le prix de l'Association des anciens élèves de l'Institution Favard

LE 13 JUILLET 1865

MES JEUNES AMIS,

Il y a plus de trente ans, j'étais comme vous dans cette enceinte ; assis sur les mêmes bancs, j'y prenais part aux mêmes travaux, je préludais aux grandes luttes de la vie. J'en sortis, faible, pauvre, sans appui, mais emportant avec moi l'amour du travail, le sentiment de l honneur et le courage, et j'y rentre aujourd'hui, grandi, honoré et appelé par une amicale insistance à présider votre fête de famille.

Ce n'est pas un sentiment d'orgueil que je rapporte parmi vous, c'est l'émotion du souvenir. A travers les dures épreuves que la loi du travail impose à tous, je n'ai jamais oublié le point de départ, je n'ai jamais oublié l'asile où j'ai reçu l'instruction de ma jeunesse, où j'ai appris à discerner le beau qui élève l'esprit, du faux qui pervertit le jugement, et où l'enseignement viril de Tacite et de Cicéron m'apprenait à aimer mon pays, à proscrire le mal et à flétrir les concussions de Verrès et les trahisons de Catilina. J'y rentre aujourd'hui touché et charmé de voir autour de moi une jeune génération qui continuera les traditions de travail, de loyauté et d'obéissance qu'un passé auquel je m'honore d'avoir appartenu lui aura léguées. Et pourtant que les temps sont changés! comme dit le poëte. La sévérité des temps passés a fait place à un régime plus doux, plus tempéré; c'est à la douce influence du conseil, de la persuasion, de la sollicitude, que le digne chef (1) qui

______

(1) Ce *digne chef* est M. David, homme des plus recommandables, qui a introduit à la pension Favart un régime tout paternel.

vous dirige doit d'obtenir votre confiance et votre application, et cet heureux changement fait également l'éloge du maître qui commande et de l'élève qui obéit. Appelé à l'honneur et au plaisir de remettre à votre élu le prix que vos suffrages lui ont décerné, prix de gloire que les anciens donnent aux nouveaux et qu'en facteur fidèle j'apporte à son adresse, j'appelle avec cordialité l'élu du suffrage universel, cette légitimité des temps modernes ! C'est qu'aujourd'hui le premier ne relève plus de la naissance ou de la fortune, il ne relève que de son talent et de ses pairs, et si Philippe-Auguste revenait au monde, il dirait encore comme à la veille de la bataille de Bouvines : « S'il en est un plus digne, qu'il sorte des rangs et « prenne hardiment ce sceptre et cette couronne. »

Et vous, enfants, vos suffrages les ont donnés, ce sceptre et cette couronne, au plus digne, c'est-à-dire à celui dont le travail, le courage, la persévérance, ont conquis votre estime et commandé votre adhésion. Le choix de vos maîtres, leur assentiment, leur expérience, ont confirmé l'instinct de vos jeunes esprits et la conscience de votre jugement ; et moi, que vous connaissez peu, mais qui n'ai pour vous que des sentiments de sympathie et d'affection, je viens vous dire : Enfants, vous avez bien choisi ; votre discernement a apprécié le travail, cette loi du monde moderne, et récompensé la persévérance, cette condition des grands succès ! Et vous, mon jeune ami, que le choix de vos pairs a distingué parmi de dignes émules, soyez fier des suffrages qui vous ont honoré ; la fierté est une qualité du cœur, tandis que la vanité est un travers de l'esprit : la fierté conduit au bien, élève l'âme, fortifie le cœur, tandis que la vanité énerve, affadit et étiole les caractères. En même temps qu'un homme instruit, soyez un homme de bien, fidèle à la religion qui vous rendra bon, attaché à la patrie qui est la mère commune, dévoué au souverain dont l'autorité veille aux droits de tous, et affectueux à vos vieux amis, aujourd'hui vos camarades ; nous battrons des mains à vos succès, nous vous suivrons dans la vie et nous vous aiderons de notre expérience, de nos conseils et de notre appui. Venez donc recevoir un prix mérité et la cordiale et affectueuse accolade d'un ancien camarade qui a servi sous le même drapeau et qui ne se retrouve jamais sans émotion au milieu des conscrits de son ancien régiment.

Les vétérans de Marengo et d'Austerlitz saluent les braves enfants de Montmirail et de Champaubert.

***

Après avoir obtenu ses grades universitaires, M. Vandal entra au ministère du Commerce, où son mérite lui concilia la bienveillance toute particulière d'un de ses directeurs, l'honorable M. David. Du ministère du Commerce, en raison de ses aptitudes spéciales, il passa bientôt au ministère des Finances. Là, son zèle infatigable, sa régularité exemplaire et la perfection de son travail ne tardèrent pas à lui gagner de nouveau l'estime et la sympathie de ses chefs.

Le jeune employé s'était livré à l'étude approfondie des questions économiques. La supériorité qu'il avait ainsi acquise le fit charger de plusieurs missions difficiles en Allemagne, notamment d'une enquête se rattachant à l'importante question des sels. Il remplit avec tant de succès ces différentes missions qu'on le nomma inspecteur des Finances, puis bientôt Inspecteur général.

Il était attaché au Secrétariat général comme chef de bureau des Régies financières lorsqu'à la création du ministère d'État, au mois de janvier 1851, le poste de Secrétaire général à ce ministère lui fut proposé. Il accepta, mais à la condition expresse de n'en remplir les fonctions que par intérim.

Le 16 avril 1852, il rentra au ministère des Finances en qualité de Directeur des Contributions directes. Ses brillantes qualités avaient attiré sur lui l'attention du Souverain, qui sut reconnaître du même coup les nombreux services qu'il avait déjà rendus et les services plus nombreux encore qu'il pouvait rendre à l'Empire et à l'administration.

En effet, par un décret impérial rendu à Saint-Cloud le 17 juin de la même année, la Direction générale des Contributions directes était rétablie et M. Vandal nommé aux fonctions de Directeur général. Il devait être assisté de deux adminis-

trateurs formant avec lui le conseil d'administration, dont il avait la présidence.

M. Vandal avait alors trente-huit ans.

Nous ne suivrons point l'honorable Directeur
général pas à pas dans sa haute carrière admi-
nistrative. Il nous serait impossible d'énumérer
toutes les modifications souvent essentielles
qu'il introduisit dans le service des Contributions directes. Ceux de nos lecteurs qui seraient
désireux d'étudier jusque dans ses moindres
actes ce fonctionnaire infatigable, dont l'esprit
plein d'initiative et généralisateur savait au
besoin descendre aux plus petits détail, ceux-là
pourront consulter le recueil officiel des circu-
laires et le *Bulletin des Contributions directes et
du Cadastre*, où se trouvent consignés les tra-

vaux les plus importants de son administration.

Neuf ans après, le 5 juin 1861, un autre décret
impérial élevait M. Vandal à des fonctions plus
importantes et plus délicates encore, et lui con-
férait le titre de Directeur général des Postes, en
remplacement de M. Stourm, nommé sénateur.
Appelé quelques mois plus tard au Conseil
d'État, il allait désormais porter la parole au
nom du Gouvernement dans les sessions légis-
latives, et produire sous un nouveau jour les
aptitudes si variées de son talent.

Un sentiment de réserve, que l'on comprendra
sans peine, ne nous permet pas d'apprécier ici
les différents actes du Directeur général actuel
depuis son entrée au service des postes. Com-

ment d'ailleurs juger dignement un système administratif, tant qu'il n'a point dit son dernier mot?

Nous voulons toutefois constater, avec éloge, les efforts persévérants de M. Vandal pour développer l'organisation des paquebots-poste, qui font rayonner au loin notre service postal maritime et lui assurent cette régularité et cette indépendance que la France enviait depuis longtemps à d'autres services étrangers.

M. Vandal est d'une taille élevée. Sa physionomie expressive inspire tout d'abord la sympathie. Sa conversation vive, imagée, spirituelle, est pleine de charme. En lui brillent évidemment deux natures opposées : la nature positive de l'administrateur et la nature exubérante de l'artiste. Si la destinée et sa volonté ne l'avaient point élevé à cette haute position, il se serait créé dans une autre sphère une personnalité remarquable. M. Vandal devait être quelqu'un assurément.

Successivement Directeur général de deux grandes administrations, Conseiller d'État, déjà Commandeur de la Légion d'honneur, Sénateur bientôt, peut-être un jour Ministre, l'élève sorti « de Favart faible, pauvre, sans appui, » pourra jeter avec orgueil « un regard satisfait sur les lointains brumeux de la route » qu'il aura glorieusement parcourue.

3057 — Paris, imprimerie de Jouaust, rue Saint-Honoré, 338.

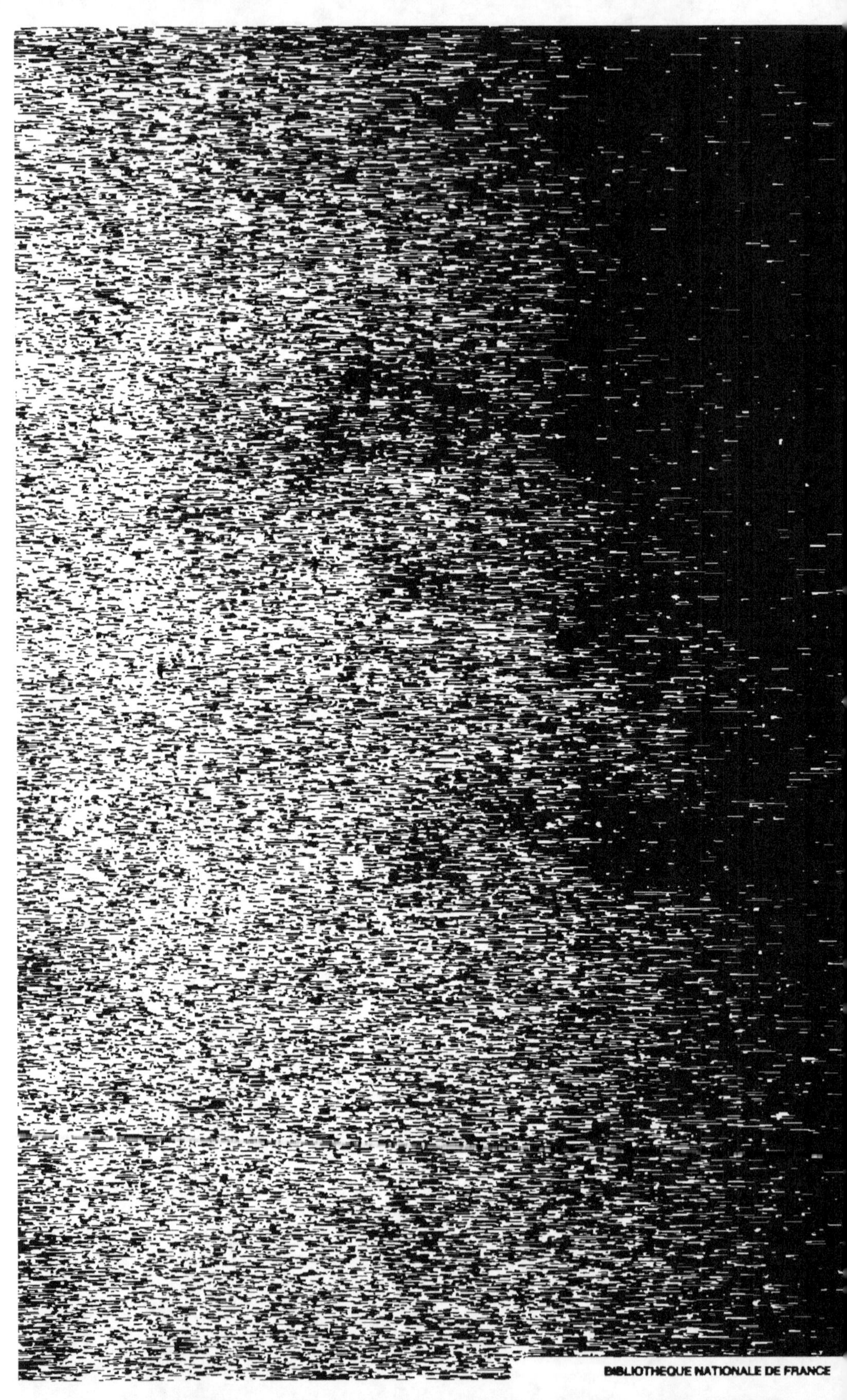

BIBLIOTHEQUE NATIONALE DE FRANCE

www.ingramcontent.com/pod-product-compliance
Lightning Source LLC
Chambersburg PA
CBHW061334050726
47595CB00005B/1916